# LE JAPONAIS
## dans votre poche

1 000 MOTS POUR
DANS TOUTES
LES SITUATIONS
SE DÉBROUILLER

LAROUSSE

LES MINI LAROUSSE

21, rue du Montparnasse
75283 Paris Cedex 06, France
www.larousse.fr
ISBN : 978-2-03-587267-8

Direction de la publication
**Carine Girac-Marinier**

Direction éditoriale
**Claude Nimmo**

Édition - Coordination
**Giovanni Picci**

Rédaction
**Rozenn Étienne**

Direction artistique
**Uli Meindl**

Conception graphique
**Sophie Rivoire**

Mise en page
**Jérôme Faucheux**

Informatique éditoriale
**Dalila Abdelkader**

Fabrication
**Marlène Delbeken**

# SOMMAIRE

Les expressions incontournables ........ 4
1 Se présenter ........ 6
2 Le travail ........ 12
3 Les études ........ 14
4 La maison ........ 16
5 Naviguer sur Internet ........ 22
6 Téléphoner ........ 23
7 Les loisirs et les sports ........ 24
8 La météo ........ 32
9 Explorer la nature ........ 34
10 Les animaux ........ 38
11 La vie quotidienne ........ 42
12 Se déplacer en ville ........ 44
13 Faire du shopping ........ 48
14 S'habiller ........ 52
15 Partir en vacances ........ 58
16 Le corps humain ........ 62
17 La santé ........ 63
18 Boire et manger ........ 64
19 Les nombres ........ 74
20 La division du temps ........ 76
Lexique français-japonais ........ 79

## Les planches illustrées

La maison ........ 20
Le bureau ........ 21
Les sports ........ 28
Les loisirs ........ 29
Les arbres ........ 36
Les fleurs ........ 37
Les animaux ........ 40
Les couleurs ........ 55
Les vêtements et les accessoires ........ 56
La cuisine japonaise ........ 70
Les fruits et les légumes ........ 71
C'est l'heure ........ 78

# Les expressions incontournables

こんにちは!
[konnichiwa]
Bonjour !

お早うございます!
[ohayō gozaimasu]
Bonjour ! *(le matin)*

こんばんは!
[konbanwa]
Bonsoir !

おやすみなさい！
[oyasuminasai]
Bonne nuit !

さようなら!
[sayōnara]
Au revoir !

近いうちに会いましょう!
[chikai uchi ni aimashō]
À bientôt !

ください。
[kudasai]
S'il vous / te plaît. *(en faisant une demande)*

## Les expressions incontournables

どうぞ。
[dōzo]
S'il vous / te plaît. *(en offrant quelque chose)*

ありがとう。
[arigatō]
Merci.

どういたしまして!
[dō itashimashite]
De rien !

すみません。
[sumimasen]
Excusez-moi.

ごめんなさい。
[gomennasai]
Désolé.

誰?
[dare]
Qui ?

どこ?
[doko]
Où ?

いつ?
[itsu]
Quand ?

# 1 Se présenter

- 名 ........ prénom
  [na]
- 姓 ........ nom de famille
  [sei]
- 年齢 ........ âge
  [nenrei]
- 性 ........ sexe
  [sei]
- 住所 ........ adresse
  [jūsho]

電話番号
[denwa bangō]
numéro de téléphone

*Le sexe*

- 男性 ........ homme
  [dansei]
- 女性 ........ femme
  [josei]
- 男の子 / 女の子 ........ garçon / fille
  [otoko no ko / onna no ko]
- 子供 ........ enfant
  [kodomo]
- ...さん ........ M. / Mme / Mlle...
  [...san]

メール
[mēru]
e-mail

## L'état civil

- 独身 ..................... célibataire
  [dokushin]
- 既婚の ................. marié(e)
  [kikon no]
- 離婚した............. divorcé(e)
  [rikon shita]

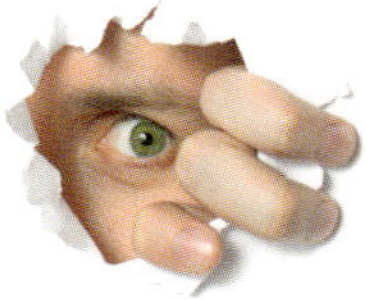

グリーンの目をしています
[gurīn no me o shite iru]
avoir les yeux verts

## La couleur des yeux

- ...目をしています。.. avoir les yeux...
  [... me o shite iru]
- 青い ..................... bleus
  [aoi]
- 茶色の ................. marron
  [cha iro no]
- 黒い ..................... noirs
  [kuroi]

髪が茶色い です
[kami ga chairoi desu]
avoir les cheveux bruns

## La coiffure

- 髪が... です。......... avoir les cheveux...
  [kami ga ... desu]
- 短い ≠ 長い .......... courts ≠ longs
  [mijikai ≠ nagai]
- 金髪 ..................... blonds
  [kinpatsu]

- 黒い ........ noirs
  [kuroi]
- ストレート ........ raides
  [sutorēto]
- 髪がカールしている ........ avoir les cheveux bouclés
  [kami ga kāru shite iru]
- 赤毛です ........ être roux
  [akage desu]
- 頭がはげている ........ être chauve
  [atama ga hagete iru]

## *Se décrire*

- 若い ........ jeune
  [wakai]
- 年を取った ........ vieux, vieille
  [toshi o totta]
- 背が高いです .. grand(e)
  [se ga takai desu]
- 背が低いです .. petit(e)
  [se ga hikui desu]
- 太った ........ gros(se)
  [futotta]
- 細い ........ mince
  [hosoi]
- 美しい ........ beau, belle
  [utsukushī]
- みにくい ........ laid(e)
  [minikui]
- 日焼けした ..... bronzé(e)
  [hiyaketa]
- 青白い ........ pâle
  [aojiroi]

## Je suis...

嬉しい ≠ さびしい
[ureshī ≠ sabishī]
heureux(euse) ≠ triste

疲れた ≠ 元気
[tsukareta ≠ genki]
fatigué(e) ≠ en forme

### *La famille*

- 母 .................... mère
  [haha]
- 父 .................... père
  [chichi]
- 息子 .................... fils
  [musuko]
- 娘 .................... fille
  [musume]
- 兄 .................... frère aîné
  [ani]
- 弟 .................... frère cadet
  [otōto]
- 姉 .................... sœur aînée
  [ane]
- 妹 .................... sœur cadette
  [imōto]

家族
[kazoku]
famille

## Expressions indispensables

名前は何ですか?
[namae wa nan desuka]
Comment tu t'appelles ?

ソーフィベルネと申します。
[sōfi berune to mōshimasu]
Je m'appelle Sophie Vernay.

マリさん、玲子さんを紹介します。
[marisan, reikosan o shōkai shimasu]
Marie, je te présente Reiko.

どうぞよろしく、私は ...です。
[dōzo yoroshiku]
Enchanté(e), moi c'est ...

どこから来ましたか?
[doko kara kimashitaka]
Tu viens d'où ?

私はフランス人です。
[watashi wa furansujin desu]
Je suis français(e).

## Expressions indispensables

英語が話せますか?
[eigo ga hanasemasuka]
Tu parles anglais ?

あなたはどこに住んでいますか?
[anatawa doko ni sunde imasuka]
Où habites-tu ?

リールに住んでいます。
[rīru ni sunde imasu]
J'habite à Lille.

何歳ですか?
[nan sai desuka]
Quel âge as-tu ?

三十才です。
[sanjūsai desu]
J'ai 30 ans.

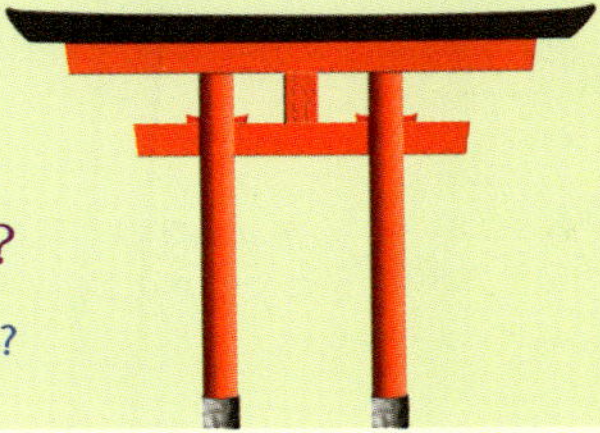

ご兄弟がいますか?
[gokyōdai ga imasuka]
As-tu des frères et sœurs ?

# 2 Le travail

- 働く .................... travailller
  [hataraku]
- 失業している ...... être au chômage
  [shitsugyō shite iru]
- 退職する ............ prendre sa retraite
  [taishoku suru]

ビジネスウーマン
[bijinesu ūman]
femme d'affaires

## *Les métiers*

- 俳優, 女優 ............ acteur(trice)
  [haiyū, joyū]
- タクシーの運転手 ... chauffeur de taxi
  [takushī no untenshu]
- ビジネスマン ......... homme d'affaires
  [bijinesu man]
- 歯医者 .................... dentiste
  [ha isha]
- 医者 ........................ médecin
  [isha]
- 警察官 .................... agent(e) (de police)
  [keisatsukan]
- 先生 ........................ enseignant(e)
  [sensei]

秘書
[hisho]
secrétaire

## Le monde du travail

- パートタイム ..... emploi à mi-temps
  [pāto taimu]
- 常勤 ................ emploi à plein temps
  [jōkin]
- 会社 ................ entreprise, société
  [kaisha]
- 雇用者 ............ employeur
  [koyōsha]
- 会議 ................ réunion
  [kaigi]
- 給料 ................ salaire
  [kyūryō]

同僚
[dōryō]
collègue

お仕事は何ですか?
[o shigoto wa nan desuka]
Que fais-tu (comme travail) ?

大企業に勤めている。
[daikigyō ni tsutomete iru]
Je travaille pour une grande société.

# 3 Les études

- 勉強する ............... étudier
  [benkyō suru]
- 先生 ....................... professeur
  [sensei]
- 試験に失敗する .... rater ses examens
  [shiken ni shippai suru]
- 試験に合格する .... réussir ses examens
  [shiken ni gōkaku suru]
- 卒業する ................ terminer ses études
  [sotsugyō suru]

学生
[gakusei]
étudiant(e)

*Niveaux éducatifs*

- 学校 ...................... école
  [gakkō]
- 高校 ...................... lycée
  [kōkō]
- 大学 ...................... université
  [daigaku]

生徒
[seito]
élève

## Expressions indispensables

彼は大学で法律を勉強している。
[kare wa daigaku de hōritsu o benkyō shite iru]
Il est en fac de droit.

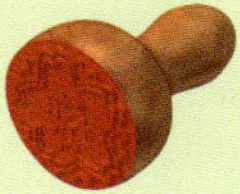

試験頑張って!
[shiken ganbatte]
Bonne chance pour ton examen !

将来、何になるつもりですか?
[shōrai nani ni tsumori desuka]
Que voudrais-tu faire plus tard ?

### Attention au surmenage scolaire !

Si l'on sait tous que les élèves japonais sont soumis à rude épreuve dès leur plus jeune âge : compétition très forte, niveau de hiérarchie très élevé entre élèves plus jeunes et plus anciens, grand recours aux juku (塾 = cours privés) et examens d'entrée très sélectifs, on ne sait pas forcément que ce parcours du combattant s'allège énormément une fois réussi l'examen d'admission à l'université. En effet, s'il est difficile d'entrer à l'université, il est relativement facile d'en sortir diplômé !

# 4 La maison

- 家 ........................ maison
  [uchi]

- アパート ............ appartement
  [apāto]

- マンション ......... appartement *(de standing)*
  [manshon]

- 借りる ............... louer
  [kariru]

ドア
[doa]
porte

階段
[kaidan]
escaliers

## *Les parties de la maison*

- 一階 .................. rez-de-chaussée
  [ikkai]

- 部屋 .................. pièce
  [heya]

- エレベーター .... ascenseur
  [erebētā]

- 鍵 ...................... clé
  [kagi]

- 窓 ...................... fenêtre
  [mado]

- 庭 ...................... jardin
  [niwa]

## La cuisine et la salle à manger

- テーブル ........ table
  [tēburu]
- 流し ........ évier
  [nagashi]
- オーブン ........ four
  [ōbun]
- フライパン ........ poêle
  [furai pan]
- 鍋 ........ casserole
  [nabe]
- 冷蔵庫 ........ réfrigérateur
  [reizōko]
- 布巾 ........ torchon
  [fukin]
- ナプキン ........ serviette
  [napukin]
- 皿 ........ assiette
  [sara]
- 椀 ........ bol
  [wan]

椅子
[isu]
chaise

洗濯機
[sentakuki]
lave-linge

- ナイフ [naifu] ............ couteau
- フォーク [fōku] ............ fourchette
- スプーン [supūn] ............ cuillère
- コップ [koppu] ............ verre

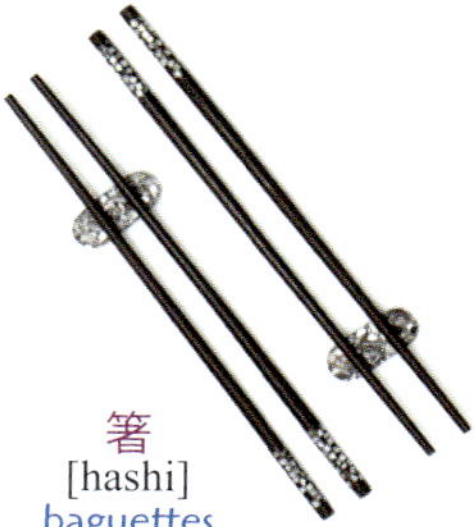

箸
[hashi]
baguettes

## La salle de bains

- シャワー [shawā] ............ douche
- 風呂 [furo] ............ baignoire
- 洗面台 [senmenjo] ............ lavabo
- 鏡 [kagami] ............ miroir
- タオル [taoru] ............ serviette
- シャンプー [shanpū] ............ shampooing

石鹸
[sekken]
savon

- 歯磨き粉 [hamigakiko] ........... dentifrice
- ヘアドライヤー [hea dorayā] ..... sèche-cheveux
- トイレ [toire] ............... W.-C.

歯ブラシ
[haburashi]
brosse à dents

### *Le salon*

- ソファー [sofā] ............ canapé
- 座布団 [zabuton] ............ coussin
- 炬燵 [kotatsu] .............. table basse avec chauffage intégré

### *La chambre*

- 布団 [futon] ............... futon
- 枕 [makura] ................ oreiller

ベッド
[beddo]
lit

### *Le bureau*

- 机 [tsukue] ................ bureau
- 本箱 [honbako] .............. bibliothèque

# La maison

寝室
[shinshitsu]
chambre à coucher

ダイニングルーム
[dainingu rūmu]
salle de séjour

風呂場
[furoba]
salle de bains

台所
[daidokoro]
cuisine

トイレ
[toire]
toilettes

廊下
[rōka]
couloir

居間
[ima]
salon

# Le bureau

付箋
[fusen]
post-it

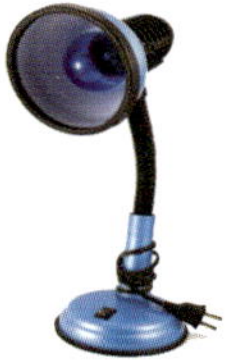

キーボードー
[kībōdō]
clavier

卓上スタンド
[takujō sutando]
lampe

マウス
[ma u su]
souris

本
[hon]
livre

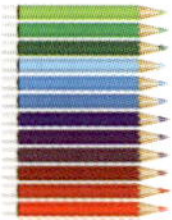

蛍光ペン
[keikō pen]
surligneur

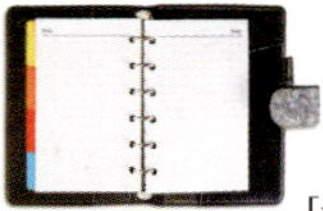

日記帳
[nikkichō]
agenda

消しゴム
[keshigomu]
gomme

色鉛筆
[iro enpitsu]
crayon

ペン
[pen]
stylo

目覚まし時計
[mezamashi dokei]
réveil

眼鏡
[megane]
lunettes

ノート
[nōto]
cahier

## 5 Naviguer sur Internet

- パソコン ........ ordinateur
  [pasokon]
- ノートパソコン ........ ordinateur portable
  [nōto pasokon]
- インターネットに接続する ........ se connecter à Internet
  [intānetto ni setsuzoku suru]
- アットマーク ........ arobase
  [atto māku]
- メールをチェックする ........ vérifier ses e-mails
  [mēru o chekku suru]
- メールを送る ........ envoyer un e-mail
  [mēru o okuru]
- 印刷する ........ imprimer
  [insatsu suru]
- ハードディスクドライブ ........ disque dur
  [hādo disuku doraibu]
- USBメモリ ........ clé USB
  [yūesubī memori]
- ウェブサイト ........ site Web
  [webu saito]
- ワイファイ ........ Wi-Fi
  [wai fai]

タブレット
[taburetto]
tablette

# 6 Téléphoner

- プリペイド式携帯電話 .......... téléphone portable avec carte prépayée
  [pure peido shiki keitaidenwa]
- 携帯電話充電器 ........ chargeur
  [keitai jūdenki]
- 留守番電話 .............. répondeur
  [rusubandenwa]
- 電話する .................. appeler
  [denwa suru]
- 携帯メールを送る ..... envoyer un texto
  [keitai mēru o okuru]

携帯電話
[keitai denwa]
portable

もしもし
[moshi moshi]
Allô ?

田中さんお願いします。
[tanakasan onegaishimasu]
Pourrais-je parler à M. Tanaka, s'il vous plaît ?

## Portable et bonnes manières

Dans les transports en commun au Japon, vous n'entendrez pas de sonneries de téléphone portable et vous n'entendrez pas non plus les gens raconter leurs vies à voix haute. Des affiches et des annonces dans le métro vous rappellent la bonne conduite à adopter ! Par ailleurs, les Japonais utilisent peu les SMS et s'envoient plutôt des mails via leur smartphones.

# 7 Les loisirs et les sports

## *Les loisirs*

- 読む [yomu] ........ lire
- 絵を描く [e o kaku] ........ peindre
- 料理をする [ryōri o suru] ........ cuisiner
- (歌を)歌う [uta o utau] ........ chanter (une chanson)
- 遊ぶ [asobu] ........ s'amuser
- パチンコ [pachinko] ........ flipper japonais
- 絵画 [kaiga] ........ peinture
- ビデオゲーム [bideo gēmu] ........ jeux électroniques
- 音楽 [ongaku] ........ musique
- ダンス [dansu] ........ danse

写真
[shashin]
photographie

映画
[eiga]
cinéma

## Le sport

- 走る .................... courir
  [hashiru]
- 泳ぐ .................... nager
  [oyogu]
- 勝つ .................... gagner
  [katsu]
- 負ける .................... perdre
  [makeru]

サッカー
[sakkā]
football

## Les différents sports

- ラグビー .................... rugby
  [ragubī]
- テニス .................... tennis
  [tenisu]
- ゴルフ .................... golf
  [gorufu]
- 野球 .................... baseball
  [yakyū]
- 乗馬 .................... équitation
  [jōba]
- アメリカンフットボール .................... football américain
  [amerikan futtobōru]

卓球
[takkyū]
ping-pong

- 水泳 .......... natation
  [suiei]
- ダイビング .......... plongée
  [daibingu]
- アイススケートをする .......... faire du patin à glace
  [aisu sukēto suru]
- ローラーブレードする .......... faire du roller
  [rōrā burēdo suru]
- サイクリング .......... cyclisme
  [saikuringu]
- ハイキング .......... marche à pied, randonnée
  [haikingu]

*L'équipement*

- ボール .......... ballon, balle
  [bōru]
- テニスノネット .......... filet
  [tenisu no netto]
- 水泳帽 .......... bonnet de bain
  [suieibō]
- ダンベル .......... haltères
  [danberu]

自転車
[jitensha]
vélo

# Les loisirs et les sports

## *Les lieux*

- スポーツセンター ......... centre sportif
  [supōtsu sentā]
- 更衣室 ......................... vestiaire
  [kō i shitsu]
- スタジアム .................... stade
  [sutajiamu]
- テニスコート ................. court de tennis
  [tenisu kōto]
- アイススケート場 ......... patinoire
  [aisu sukēto jō]

## *La compétition*

- チーム ......................... équipe
  [chīmu]
- 競争 ............................. course
  [kyōsō]
- 試合 ............................. match
  [shiai]
- ワールドカップ ............ Coupe du monde
  [wārudo kappu]
- 国際オリンピック大会 ... Jeux Olympiques
  [kokusai orinpikku taikai]

プール
[pūru]
piscine

# Les sports

弓道
[kyūdō]
tir à l'arc

バスケットボール
[basuketto bōru]
basketball

柔術
[jujutsu]
jujitsu

ボクシング
[bokushingu]
boxe

剣道
[kendō]
kendo

体操
[taisō]
gymnastique

柔道
[jūdō]
judo

スキー
[sukī]
ski

合気道
[aikidō]
aïkido

サーフィン(ボード)
[sāfin bōdo]
planche de surf

空手
[karate]
karaté

武芸
[bugei]
arts martiaux

# Les loisirs

絵を描く
[e o kaku]
dessiner

生け花
[ikebana]
ikebana

ヨガ
[yoga]
yoga

旅行をする
[ryokō o suru]
voyager

折り紙
[origami]
origami

友達とチャットする
[tomodachi to chatto suru]
chatter avec des amis

茶道
[sadō]
cérémonie du thé

魚を釣る
[sakana o tsuru]
pêcher

トランプをする
[toranpu o suru]
jouer aux cartes

書道
[shodō]
calligraphie

ジョギングをする
[jogingu o suru]
faire du jogging

園芸
[engei]
jardinage

## Expressions indispensables

暇なとき何をしますか?
[hima na toki nani o shimasuka]
Que fais-tu dans ton temps libre ?

何か楽器が弾けますか?
[nani ka gakki ga hikemasuka]
Joues-tu d'un instrument ?

どんな音楽好きですか?
[donna ongaku suki desuka]
Quel genre de musique aimes-tu ?

何かスポーツをしていますか?
[nanika supōtsu o shimasuka]
Pratiques-tu un sport ?

自転車が借りたいです。
[jitensha ga karitai desu]
Je voudrais louer un vélo.

今度はあなたがする番ですよ。
[kondo wa anata ga suru ban desu yo]
C'est à toi (de jouer).

# J'aime, je n'aime pas...

歴史に興味があります。
[rekishi ni kyōmi ga arimasu]
Je m'intéresse à l'histoire.

走るのが好きです。
[hashiru no ga suki desu]
J'aime courir.

買い物するのが大好きです。
[kaimono suru no ga daisuki desu]
J'adore faire les magasins.

紺色は一番好きな色です。
[kon iro wa ichiban suki na iro desu]
Le bleu foncé est ma couleur préférée.

スキーはあまり好きではありません。
[sukī wa amari suki dewa arimasen]
Je n'aime pas tellement le ski.

サッカーは大嫌いです。
[sakkā wa daikirai desu]
Je déteste le foot.

# 8 La météo

- 天気 ........................ temps
  [tenki]
- 度 ........................ degré
  [do]
- 暑い ........................ (très) chaud
  [atsui]
- 暖かい ........................ doux
  [atatakai]
- 寒い ........................ froid
  [samui]

天気予報
[tenki yohō]
prévisions météo

## *Le froid*

- 雪が降る ........................ neiger
  [yuki ga furu]
- 雪 ........................ neige
  [yuki]
- 霜 ........................ gelée
  [shimo]

## *La chaleur*

- 晴れ ........................ ensoleillé(e)
  [hare]
- 蒸し暑いです ........................ il fait lourd
  [mushi atsui desu]

太陽
[taiyō]
soleil

## Le vent

- 風 .............. vent
  [kaze]
- 台風 .......... typhon
  [taifū]

## La pluie

- 雨 .............. pluie
  [ame]
- 雷雨 .......... orage
  [raiu]
- 霧 .............. brouillard
  [kiri]
- 梅雨 .......... saison des pluies
  [tsuyu]

天気はどうですか?
[tenki wa dō desuka]
Quel temps fait-il ?

いい天気ですね。
[ī tenki desu]
Il fait beau.

# 9 Explorer la nature

## Les paysages

- 山 .......... montagne
  [yama]
- 畑 .......... champ
  [hatake]
- 田舎 .......... campagne
  [inaka]
- 川 .......... rivière, fleuve
  [kawa]
- 池 .......... lac
  [ike]
- 森 .......... forêt
  [mori]
- 島 .......... île
  [shima]

海
[umi]
mer

## Les plantes

- 草 .......... herbe
  [kusa]
- 幹 .......... tronc
  [kan]
- 枝 .......... branche
  [eda]

葉
[ha]
feuille

## Les arbres

- イチョウ ............ gingko
  [ichō ]
- もみじ ............ érable
  [momiji]
- 楠木 ............ camphrier
  [kusu no ki]
- 竹 ............ bambou
  [take]
- 松 ............ pin
  [matsu]
- 桧 ............ cyprès japonais
  [hinoki]
- ブナの木 ............ hêtre
  [buna no ki]
- 柳 ............ saule
  [yanagi]

盆栽
[bonsai]
bonsaï

## Les fleurs

- バラの花 ............ rose
  [bara no hana]
- 欄の花 ............ orchidée
  [ran no hana]

桜
[sakura]
cerisier

# Les arbres et les fleurs

ポプラ
[popura]
peuplier

カバ
[kaba]
bouleau

モミの木
[momi no ki]
sapin

栃の木
[tochi no ki]
marronnier

科の木
[shina no ki]
tilleul

ヤシ
[yashi]
palmier

しだれ柳
[shidare yanagi]
saule pleureur

オーク
[ōku]
chêne

ハイビスカス
[haibisukasu]
hibiscus

黄水仙
[kizuisen]
jonquille

菫
[sumire]
violette

ガーベラ
[gābera]
gerbera

菊
[kiku]
chrysanthème

朝顔
[asagao]
volubilis

睡蓮
[suiren]
nénuphar

ジャスミン
[jasumin]
jasmin

雛菊
[hinagiku]
marguerite

アジサイ
[ajisai]
hortensia

ヒマワリ
[himawari]
tournesol

鈴蘭
[suzuran]
muguet

ツツジ
[tsutsuji]
azalée

ふじ
[fuji]
glycine

カーネーション
[kānēshon]
œillet

# 10 Les animaux

## *Les animaux domestiques*

- 猫 ........................ chat
  [neko]
- 鯉 ........................ carpe
  [koi]
- ハムスター ........ hamster
  [hamusutā]
- ウサギ .................. lapin
  [usagi]

犬
[inu]
chien

## *Les animaux de la ferme*

- あひる .................. canard
  [ahiru]
- ガチョウ ............. oie
  [gachō ]
- 七面鳥 ................ dinde
  [shichimenchō ]
- 山羊 ..................... chèvre
  [yagi]
- ロバ ...................... âne
  [roba]
- 子羊 ..................... agneau
  [kohitsuji]

雄鶏
[ondori]
coq

## Les oiseaux

- カラス .................. corbeau
  [karasu]
- 鶴 .................. grue
  [tsuru]
- すずめ .................. moineau
  [suzume]
- ほととぎす .................. rossignol
  [hototogisu]
- 鴇 .................. ibis huppé
  [toki]

はと
[hato]
pigeon

## Les animaux sauvages

- 狸 .................. chien viverrin
  [tanuki]
- ニホンザル .................. macaque japonais
  [nihon zaru]
- 狼 .................. loup
  [ōkami]

## Les insectes

- 蛍 .................. luciole
  [hotaru]
- カブトムシ .................. lucane
  [kabutomushi]

リス
[risu]
écureuil

# Les animaux

鼠
[nezumi]
souris

かえる
[kaeru]
grenouille

牛
[ushi]
vache

子牛
[ko ushi]
veau

雌鳥
[mendori]
poule

ひよこ
[hiyoko]
poussin

蜘蛛
[kumo]
araignée

オウム
[ōmu]
perroquet

羊
[hitsuji]
mouton

蜂
[hachi]
abeille

像
[zō]
éléphant

金魚
[kingyo]
poisson rouge

蛇
[hebi]
serpent

馬
[uma]
cheval

シマウマ
[shima uma]
zèbre

イルカ
[iruka]
dauphin

蝶
[chō]
papillon

鯨
[kujira]
baleine

蚊
[ka]
moustique

ハエ
[hae]
mouche

ライオン
[raion]
lion

蜻蛉
[tonbo]
libellule

テントウムシ
[tentō mushi]
coccinelle

キツネ
[kitsune]
renard

虎
[tora]
tigre

豚
[buta]
cochon

# 11 La vie quotidienne

## *Le matin*

- 起きる ........ se lever
  [okiru]
- 早起きの人です ........ être un lève-tôt
  [haya oki no hito desu]
- 寝ぼけている ........ être à moitié endormi
  [nebokete iru]
- 体を洗う ........ se laver
  [karada o arau]
- 剃る ........ se raser
  [soru]
- 髪をとかす ........ se peigner les cheveux
  [kami o tokasu]
- 化粧する ........ se maquiller
  [keshō suru]
- シャワーを浴びる ........ prendre une douche
  [shawā o abiru]
- 着る ........ s'habiller
  [kiru]
- 朝食を取る ........ prendre son petit déjeuner
  [chōshoku o toru]

寝坊する
[nebō suru]
ne pas se réveiller à tem

準備をする
[junbi o suru]
se préparer

- 学校に行く ...... aller à l'école
  [gakkō ni iku]
- 通勤する ........ aller au travail
  [tsūkin suru]

歯を磨く
[ha o migaku]
se brosser les dents

*L'après-midi/Le soir*

- 昼食を取る ........ déjeuner
  [chūshoku o toru]
- コーヒーブレイクをする .... faire une pause café
  [kōhī bureiku o suru]
- 家に帰る ........................ rentrer à la maison
  [uchi ni kaeru]
- 昼寝をする ........ faire la sieste
  [hirune o suru]
- 夕食を取る ........ dîner
  [yūshoku o toru]
- テレビを見る ...... regarder la télévision
  [terebi o miru]
- お風呂に入る ..... prendre un bain
  [ofuro ni hairu]
- 寝る ................... (aller) se coucher
  [neru]

眠い
[nemui]
avoir sommeil

# 12 Se déplacer en ville

- 町 ........ ville
  [machi]
- 歩道 ........ trottoir
  [hodō]
- 交差点 ........ carrefour
  [kōsaten]
- 横断歩道 ........ passage pour piétons
  [ōdan hodō]
- バス停 ........ arrêt de bus
  [basutei]
- 地下鉄の駅 ........ station de métro
  [chikatetsu no eki]
- 自転車専用道 ........ piste cyclable
  [jitensha senyō dō]
- 公園 ........ parc
  [kōen]
- 橋 ........ pont
  [hashi]

信号
[shingō]
feu

ポスト
[posuto]
boîte aux lettres

## Les bâtiments

- 建物 ........ bâtiment
  [tatemono]

- 市役所 ...... hôtel de ville
  [shiyakusho]
- 観光局 ...... office du tourisme
  [kankōkyoku]
- 空港 ......... aéroport
  [kūkō]
- 駅 ............. gare
  [eki]
- 郵便局 ...... (bureau de) poste
  [yūbinkyoku]
- 寺 ............. temple (bouddhiste)
  [tera]
- 銀行 ......... banque
  [ginkō]
- 美術館 ...... musée
  [bijutsukan]
- 交番 ......... commissariat
  [kōban]
- 病院 ......... hôpital
  [byōin]

地下鉄
[chikatetsu]
métro

高速道路
[kōsoku dōro]
autoroute

# Expressions indispensables

…に行きたいです。
[… ni ikitai desu]
Je voudrais aller à…

一番近い交番はどこですか?
[ichi ban chikai kōban wa doko desuka]
Où se trouve le poste de police le plus proche ?

私たちがいるところをこの地図で
示してもらえますか?
[watashitachi ga iru tokoro o kono chizu de shimeshite moraemasuka]
Pouvez-vous me montrer sur le plan où nous sommes ?

遠いですか?
[tōi desuka]
Est-ce loin ?

地下鉄の路線図がいただけますか?
[chikatetsu no senrozu ga itadakemasuka]
Je voudrais un plan des transports en commun.

切符はどこで買えますか?
[kippu wa doko de kaemasuka]
Où peut-on acheter des tickets ?

## Expressions indispensables

…までの切符はいくらですか?
[… made no kippu wa ikura desu ka]
Combien coûte un billet pour… ?

公衆トイレはありますか?
[kōshū toire wa arimasuka]
Y a-t-il des toilettes publiques ?

学生 / 団体割引はありますか?
[gakusei / dantai waribiki wa arimasuka]
Y a-t-il des réductions pour les étudiants / les groupes ?

何時に店は開きますか / 閉まりますか?
[nanji ni mise wa akimasuka / shimarimasuka]
À quelle heure ouvrent / ferment les magasins ?

写真を撮ってくれませんか?
[shashin o totte kuremasenka]
Vous pouvez nous prendre en photo ?

どこで現金の引き出しができますか?
[doko de genkin no hikidashi ga dekimasuka]
Où puis-je retirer du liquide ?

# 13 Faire du shopping

- 店 ........ magasin
  [mise]
- ショッピングセンター ... centre commercial
  [shoppingu sentā]
- デパート ........ grand magasin
  [depāto]
- コンビニ ........ supérette
  [konbini]
- 営業中 ≠ 閉店 ... ouvert ≠ fermé
  [eigyō chū ≠ heiten]
- 客 ........ client(e)
  [kyaku]
- 店員 ........ vendeur(euse)
  [ten in]
- レジ ........ caisse
  [reji]
- 試着室 ........ cabine d'essayage
  [shichaku shitsu]
- 値段 ........ prix
  [nedan]
- おつり ........ monnaie
  [otsuri]

スーパー(マーケット)
[sūpā(māketto)]
supermarché

現金
[genkin]
liquide, espèces

- レシート ............ ticket de caisse
  [reshīto]
- 安い ................ bon marché
  [yasui]
- 高い ................ cher(ère)
  [takai]
- 無料(の) ............ gratuit(e)
  [muryō (no)]

クレジットカード
[kurejitto kādo]
carte de crédit

*Les magasins*

- パン屋さん ........ boulangerie
  [pan yasan]
- 肉屋 ................ boucherie
  [nikuya]
- 魚屋 ................ poissonnerie
  [sakanaya]
- 八百屋 ............. marchand de primeurs
  [yaoya]
- 薬局 ................ pharmacie
  [yakkyoku]
- 本屋 ................ librairie
  [hon ya]

バーゲン
[bāgen]
soldes

# Faire du shopping

- 文房具や ........ papeterie
  [bunbōguya]
- 旅行代理店 ..... agence de voyages
  [ryokō dairiten]
- 買う ............... acheter
  [kau]
- 売る ............... vendre
  [uru]
- ショッピングする ....... faire du shopping
  [shoppingu suru]
- 支払う ..................... payer
  [shiharau]
- 割引を頼む ............... demander une réduction
  [waribiki o tanomu]
- 包装する ..................... faire un paquet-cadeau
  [hōsō suru]
- 金を引き出す ............ retirer de l'argent
  [kane o hikidasu]

オンラインショッピングする
[onrain shoppingu suru]
acheter en ligne

列に並ぶ
[retsu ni narabu]
faire la queue

## Expressions indispensables

...はありますか?
[... wa arimasuka]
Vous avez des... ?

見ているだけです。
[mite iru dake desu]
Je regarde seulement.

試着室はどこですか?
[shichakushitsu wa doko desuka]
Où se trouvent les cabines d'essayage ?

以上です。ありがとうございました。
[ijō desu. arigatō gozaimashita]
Ce sera tout, merci.

いくらですか?
[ikura desuka]
C'est combien ?

ビザカードは使えますか?
[biza kādo wa tsukaemasuka]
Est-ce que je peux payer par carte de crédit ?

# 14 S'habiller

- (服を)着る [fuku o kiru] ........ s'habiller
- 脱ぐ [nugu] ........ enlever
- 試着する [shichaku suru] ........ essayer
- 履いてみる [haite miru] ........ essayer *(chaussures)*
- 似合う [niau] ........ aller (bien) *(aspect)*
- ぴったり合う [pittari au] ........ aller (parfaitement) *(taille)*

靴下
[kutsushita]
chaussettes

## Les vêtements

- パジャマ [pajama] ........ pyjama
- 袖 [sode] ........ manche
- ポケット [poketto] ........ poche
- チャック [chakku] ........ fermeture Éclair®

ボタン
[botan]
bouton

## Les chaussures

- 一足 ........ une paire de...
  [issoku]
- ブーツ ........ bottes
  [būtsu]
- スニカー ........ baskets
  [sunikā]
- ハイヒール ........ chaussures à talons
  [haihīru]
- スリッパ ........ chaussons
  [surippa]

靴
[kutsu]
chaussures

## Les bijoux

- 銀 / 金 ........ argent / or
  [gin / kin]
- 指輪 ........ bague
  [yubiwa]
- イヤリング ........ boucles d'oreille
  [iyaringu]
- ブレスレット ........ bracelet
  [buresuretto]
- ネックレス ........ collier
  [nekkuresu]

下駄
[geta]
sandales japonaises

# S'habiller

- 腕時計 ........ montre
  [udedokei]

着物
[kimono]
kimono

## *La taille*

- エスサイズ ...... petit (S)
  [esu saizu]
- エムサイズ ...... moyen (M)
  [emu saizu]
- エルサイズ ...... grand (L)
  [eru saizu]

## *Les matières*

- …でできています。 ........ C'est en…
  [… de dekite imasu]

- 綿 ........ coton
  [men]
- ウール ........ laine
  [ūru]
- リンネル ........ lin
  [rin neru]
- 絹 ........ soie
  [kinu]
- ナイロン ........ Nylon®
  [nairon]
- フリース ........ laine polaire
  [furīsu]
- 革 ........ cuir
  [kawa]
- プラスチック ........ plastique
  [purasuchikku]

# Les couleurs

オレンジ色の
[orenji iro no]
orange

茶色の
[cha iro no]
marron

青い
[aoi]
bleu

赤い
[akai]
rouge

紫の
[murasaki no]
violet

薄い青の
[usui ao no]
bleu clair

白い
[shiroi]
blanc

緑の
[midori no]
vert

ピンクの
[pinku no]
rose

灰色の
[hai iro no]
gris

黒い
[kuroi]
noir

黄色の
[ki iro no]
jaune

# Les vêtements...

トランクス
[torankusu]
caleçon

ブラジャー
[burajā]
soutien-gorge

パンティー
[pantī]
culotte

スーツ
[sūtsu]
costume

ブリーフ
[burīfu]
slip

コート
[kōto]
manteau

海水パンツ
[kaisui pantsu]
short (de bain)

水着
[mizugi]
maillot de bain

ワイシャツ
[waishatsu]
chemise

T-シャツ
[tī-shatsu]
t-shirt

上着
[uwagi]
veste

セーター
[sētā]
pull

ズボン
[zubon]
pantalon

浴衣
[yukata]
kimono léger

スカート
[sukāto]
jupe

ワンピース
[wan pīsu]
robe

# ...et les accessoires

帽子
[bōshi]
chapeau

帽子
[bōshi]
bonnet

野球帽
[yakyū bō]
casquette

手袋
[tebukuro]
gants

ベルト
[beruto]
ceinture

サングラス
[sangurasu]
lunettes de soleil

傘
[kasa] parapluie

ハンドバッグ
[handobaggu]
sac à mains

ヘアクリップ
[hea kurippu]
pince

スーツケース
[sūtsukēsu]
valise

財布
[saifu]
portefeuille,
porte-monnaie

扇子
[sensu] éventail

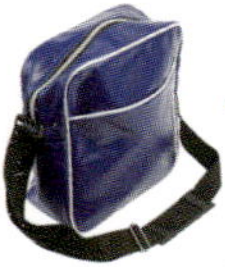

ショルダーバッグ
[shorudā baggu]
sac en bandoulière

リュック
[ryukku]
sac à dos

草履
[zōri]
sandales traditionnelles

スカーフ
[sukāfu]
écharpe

香水
[kōsui]
parfum

# 15 Partir en vacances

- 予約する ...... réserver
  [yoyaku suru]
- 借りる ......... louer
  [kariru]
- 旅行する ...... voyager
  [ryokō suru]

切手
[kitte]
timbre

よいご旅行を! [yoi goryokō o] Bon voyage !

## Le tourisme

- 国 ........................ pays
  [kuni]
- 名物 .................... spécialités
  [meibutsu]
- ツアー ................. voyage organisé
  [tsuā]
- 葉書 .................... carte postale
  [hagaki]

## À la douane

- ビザ ..................... visa
  [biza]

パスポート
[pasupōto]
passeport

## Les moyens de transport

- 自転車 ............ vélo
  [jitensha]
- バス ................ bus
  [basu]
- 電車 ................ train
  [densha]
- 船 .................... bateau
  [fune]

タクシー
[takushī]
taxi

## L'avion

- 出発 ≠ 到着 ...... départs ≠ arrivées
  [shuppatsu ≠ tōchaku]
- 搭乗券 ............ carte d'embarquement
  [tōjōken]
- 空港 ................ aéroport
  [kūkō]

飛行機
[hikōki]
avion

## À bord

- 窓側の席 .......... siège côté hublot
  [mado gawa no seki]
- 通路側の席 ...... siège côté couloir
  [tsūro gawa no seki]
- シートベルト .... ceinture de sécurité
  [shīto beruto]

## Dans le train...

神戸行きの次の電車はいつ出ますか?
[kōbe yuki no tsugi no densha wa itsu demasuka]
À quelle heure part le prochain train pour Kobé ?

鎌倉までどの位かかりますか?
[kamakura made dono kurai kakarimasuka]
Combien de temps est-ce que cela met jusqu'à Kamakura ?

乗り換えなければいけませんか?
[norikae nakereba ikemasenka]
Est-ce qu'il y a un changement ?

この席は空いていますか?
[kono seki wa aite imasuka]
Cette place est-elle libre ?

*L'hébergement*

- ホテル ................ hôtel
  [hoteru]
- 旅館 ..................... auberge traditionnelle
  [ryokan]
- ユースホステル .... auberge de jeunesse
  [yūsu hosuteru]

## À l'hôtel

- フロント .................. accueil
  [furonto]
- チェックアウトする..... quitter l'hôtel
  [chekku a u to suru]
- 満室 ......................... complet
  [manshitsu]

チェックインする
[chekku in suru]
se présenter
à la réception

## La chambre

- 和室 .................. chambre de style japonais
  [washitsu]
- 洋室 .................. chambre de style occidental
  [yōshitsu]
- シングル ルーム.. chambre simple
  [shinguru rūmu]
- ダブル ルーム..... chambre double
  [daburu rūmu]
- 風呂場 ............... salle de bains
  [furoba]
- エアコン ............. climatisation
  [eakon]

鍵
[kagi]
clé

# 16 Le corps humain

- 頭 .............. tête
  [atama]
- 目 .............. œil
  [me]
- 鼻 .............. nez
  [hana]
- 歯 .............. dent
  [ha]
- 耳 .............. oreille
  [mimi]
- のど .............. gorge
  [nodo]
- 背中 .............. dos
  [senaka]
- 腕 .............. bras
  [ude]
- 脚 .............. jambe
  [ashi]
- 足 .............. pied
  [ashi]

髪の毛
[kami no ke]
cheveux

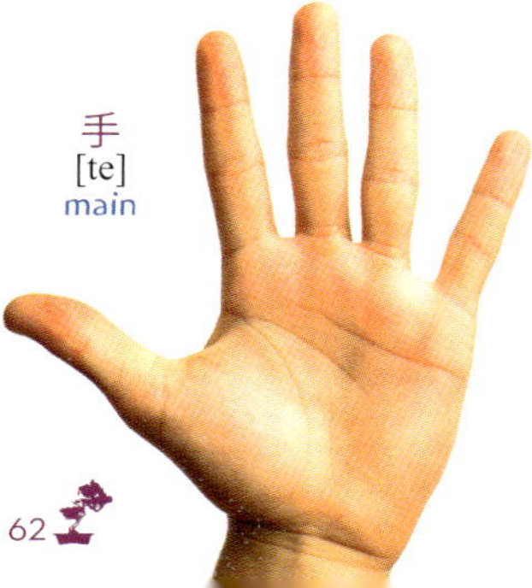

手
[te]
main

# 17 La santé

- 薬 ..................... médicament
  [kusuri]
- 咳 ..................... toux
  [seki]
- 下痢 ..................... diarrhée
  [geri]

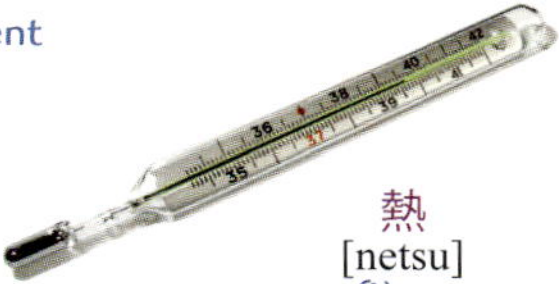

熱
[netsu]
fièvre

気分が悪いです。
[kibun ga warui desu]
Je ne me sens pas très bien.

頭が痛いです。
[atama ga itai desu]
J'ai mal à la tête.

風邪をひきました。
[kaze o hikimashita]
J'ai un rhume.

お大事に!
[o daiji ni]
À tes souhaits !

# 18 Boire et manger

## *Les repas*

- 朝食 [chōshoku] ........ petit déjeuner
- 昼食 [chūshoku] ........ déjeuner
- 夕食 [yūshoku] ........ dîner
- 米 [kome] ........ riz (non cuit)
- ご飯 [gohan] ........ riz (cuit), repas

食べる
[taberu]
manger

## *Les boissons*

- お水 [omizu] ........ eau
- ミルク [miruku] ........ lait
- お茶 [ocha] ........ thé vert
- 紅茶 [kōcha] ........ thé noir
- リンゴジュース [ringo jūsu] .... jus de pomme

飲む
[nomu]
boire

- コーラ ...... Coca®
  [kōra]
- ラムネ ...... limonade japonaise
  [ramune]
- ビール ...... bière
  [bīru]
- ワイン ...... vin
  [wain]
- 酒 ............ alcool, saké
  [sake]

ジャム
[jamu]
confiture

## Le petit déjeuner

- 砂糖 ......... sucre
  [satō]
- パン ......... pain
  [pan]
- バター ...... beurre
  [batā]

## Les condiments

- 塩 ............ sel
  [shio]
- 胡椒 ......... poivre
  [koshō]

わさび
[wasabi]
raifort vert

- しょう油 ........... sauce de soja
  [shōyu]
- 漬物 ............... petits légumes marinés
  [tsukemono]

## Les légumes

- じゃがいも ....... pomme de terre
  [jagaimo]
- サツマイモ ...... patate douce
  [satsuma imo]
- サトイモ ........... taro
  [sato imo]
- にんじん........... carotte
  [ninjin]
- 大根 ............... radis chinois
  [daikon]
- 大豆 ............... haricot de soja
  [daizu]
- サヤインゲン.... haricots verts
  [saya ingen]
- 長ネギ ............. poireau
  [naga negi]

がり
[gari]
feuilles de gingembre mariné

ナス
[nasu]
aubergine

- 白菜 ............ chou chinois
  [hakusai]
- ズッキーニ ...... courgette
  [zukkīni]
- ほうれん草 ...... épinards
  [hōrensō]
- きのこ ............ champignon
  [kinoko]
- 玉ねぎ ............ oignon
  [tamanegi]
- にんにく .......... ail
  [nin niku]
- キュウリ .......... concombre
  [kyūri]

## La viande

- 牛肉 ............ bœuf
  [gyū niku]
- 鶏肉 ............ poulet
  [tori niku]
- 豚肉 ............ porc
  [buta niku]

トマト
[tomato]
tomate

キャベツ
[kyabetsu]
chou

## Le poisson

- 鮭 ........ saumon
  [sake]
- 鰻 ........ anguille
  [unagi]
- たこ ........ poulpe
  [tako]
- イカ ........ seiche
  [ika]
- エビ ........ crevette
  [ebi]
- いくら ........ œufs de saumon
  [ikura]

マグロ
[maguro]
thon

## Les œufs

- 固ゆで卵 ........ œuf dur
  [kata yude tamago]
- オムライス ........ omelette fourrée au riz
  [omu raisu]

卵
[tamago]
œuf

## Les pommes de terre

- コロッケ ........ croquettes de pommes de terre
  [korokke]

- フライドポテト .... frites
  [furaido poteto]
- ポテトチップス .... chips
  [poteto chippusu]

## *Les degrés de cuisson de la viande*

| ウエルダン | ミディアム | レア |
|---|---|---|
| [ueru dan] | [midiamu] | [rea] |
| bien cuit | rosé | saignant |

## *Les goûts*

- 甘い ............ sucré
  [amai]
- 塩辛い .......... salé
  [shio karai]
- 酸っぱい ..... aigre, acide
  [suppai]
- 辛い .......... fort, épicé
  [karai]

## Bon appétit !

Il n'existe pas de traduction littérale pour « bon appétit ». Les Japonais utilisent en revanche いただきます! [itadakimasu], qui signifie « je reçois » – qu'ils mangent ou qu'ils boivent. Ce rituel incontournable a lieu même si un Japonais est seul à table. Cette idée de remerciement et de respect se retrouve aussi dans l'expression ご馳走様でした! [gochisosama deshita], prononcée en fin de repas.

# La cuisine japonaise

寿司 [sushi]
sushi

刺身 [sashimi]
sashimi

巻きずし
[makizushi]
maki

焼き鳥 [yakitori]
brochettes

うどん [udon]
nouilles de blé

天ぷら [tenpura]
tempura

そば [soba]
nouilles de sarrasi

ラーメン
[rāmen]
ramen

カツ丼
[katsudon]
bol de riz et côtelette
de porc panée

豚カツ [tonkatsu
côtelette
de porc panée

味噌汁
[miso shiru]
soupe miso

お好み焼き
[okonomiyaki]
crêpe japonaise

カレーライス
[karē raisu]
riz au curry

焼きそば [yakisoba]
nouilles de sarrasin sauté

# Les fruits et les légumes

パイナップル
[painappuru]
ananas

キウイフルーツ
[kiwi]
kiwi

ピーマン
[pīman]
poivron

木苺
[ki ichigo]
framboise

レイシ
[reishi]
litchi

イチジク
[ichijiku]
figue

メロン
[meron] melon

スイカ
[suika] pastèque

カキ
[kaki]
kaki

サクランボ
[sakuranbo]
cerise

桃
[momo]
pêche

葡萄
[budō]
raisin

ナシ
[nashi]
poire nashi

オレンジ
[orenji]
orange

苺
[ichigo]
fraise

レモン
[remon]
citron

バナナ
[banana]
banane

アンズ
[anzu]
abricot

りんご
[ringo]
pomme

# Expressions indispensables

お腹がすいた!
[onaka ga suita]
J'ai faim !

のどが渇いた!
[nodo ga kawaita]
J'ai soif !

どこがいいレストランを知っていますか?
[doko ga ī resutoran o shitteimasuka]
Pourriez-vous nous indiquer un restaurant ?

何にしますか?
[nani ni shimasuka]
Qu'est-ce que vous prenez ?

スパイシーですか?
[supaishī desu ka]
Est-ce épicé ?

私はグルテンにアレルギーがあります。
[watashi wa guruten ni arerugī ga arimasu]
Je suis allergique au gluten.

## Expressions indispensables

お酒は飲みません。
[osake wa nomimasen]
Je ne bois pas d'alcool.

乾杯！
[kanpai]
Santé !

お勘定をお願いします！
[okanjō o onegaishimasu]
L'addition, s'il vous plaît !

勘定に間違いがあるようです。
[kanjō ni machigai ga aru yō desu]
Je pense qu'il y a une erreur dans l'addition.

サービス料込みですか?
[sābisuryō komi desuka]
Le service est-il compris ?

トイレはどこですか?
[toi re wa doko desu ka]
Où sont les toilettes ?

# 19 Les nombres

## *Nombres cardinaux*

| | | |
|---|---|---|
| 0 | ゼロ | zero |
| 1 | 一 | ichi |
| 2 | 二 | ni |
| 3 | 三 | san |
| 4 | 四 | shi / yon |
| 5 | 五 | go |
| 6 | 六 | roku |
| 7 | 七 | shichi / nana |
| 8 | 八 | hachi |
| 9 | 九 | ku / kyū |
| 10 | 十 | jū |
| 11 | 十一 | jū ichi |
| 12 | 十二 | jū ni |
| 13 | 十三 | jū san |
| 14 | 十四 | jū shi / yon |
| 15 | 十五 | jū go |
| 16 | 十六 | jū roku |
| 17 | 十七 | jū shichi / nana |
| 18 | 十八 | jū hachi |
| 19 | 十九 | jū ku / kyū |
| 20 | 二十 | ni jū |
| 21 | 二十一 | ni jū ichi |
| 22 | 二十二 | ni jū ni |
| 23 | 二十三 | ni jū san |
| 24 | 二十四 | ni jū yon / shi |
| 25 | 二十五 | ni jū go |
| 26 | 二十六 | ni jū roku |
| 27 | 二十七 | ni jū shichi / nana |
| 28 | 二十八 | ni jū hachi |
| 29 | 二十九 | ni jū kyū |

| | | |
|---|---|---|
| 30 | 三十 | san jū |
| 40 | 四十 | yon jū |
| 50 | 五十 | go jū |
| 60 | 六十 | roku jū |
| 70 | 七十 | nana jū |
| 80 | 八十 | hachi jū |
| 90 | 九十 | kyū jū |
| 100 | 百 | hyaku |
| 101 | 百一 | hyaku ichi |
| 162 | 百六十二 | hyaku roku jū ni |
| 200 | 二百 | ni hyaku |
| 1,000 | 千 | sen |
| 1,506 | 一千五百六 | sen go hyaku roku |
| 10,000 | 一万 | ichi man |
| 100,000 | 十万 | jū man |
| 1,000,000 | 百万 | hyaku man |
| 1,000,000,000 | 一億 | ichi oku |

## Nombres ordinaux

| | | |
|---|---|---|
| 1er | 一番目 | ichi ban me |
| 2e | 二番目 | ni ban me |
| 3e | 三番目 | san ban me |
| 4e | 四番目 | yon ban me |
| 5e | 五番目 | go ban me |
| 6e | 六番目 | roku ban me |
| 7e | 七番目 | nana ban me |
| 8e | 八番目 | hachi ban me |
| 9e | 九番目 | kyū ban me |
| 10e | 十番目 | jū ban me |

# 20 La division du temps

## La date

| | | |
|---|---|---|
| 1er | 一日 | tsuitachi |
| 2 | 二日 | futsuka |
| 3 | 三日 | mikka |
| 4 | 四日 | yokka |
| 5 | 五日 | itsuka |
| 6 | 六日 | muika |
| 7 | 七日 | nanoka |
| 8 | 八日 | yōka |
| 9 | 九日 | kokonoka |
| 10 | 十日 | tōka |
| 11 | 十一日 | jū ichi nichi |
| 12 | 十二日 | jū ni nichi |
| 13 | 十三日 | jū san nichi |
| 20 | 二十日 | hatsuka |
| 21 | 二十一日 | ni jū ichi nichi |
| 22 | 二十二日 | ni jū ni nichi |
| le 6 juillet | 七月六日 | shichi gatsu muika |

## Les jours de la semaine

| | | |
|---|---|---|
| lundi | 月曜日 | getsuyōbi |
| mardi | 火曜日 | kayōbi |
| mercredi | 水曜日 | suiyōbi |
| jeudi | 木曜日 | mokuyōbi |
| vendredi | 金曜日 | kinyōbi |
| samedi | 土曜日 | doyōbi |
| dimanche | 日曜日 | nichiyōbi |

## Les mois de l'année

| | | |
|---|---|---|
| janvier | 一月 | ichi gatsu |
| février | 二月 | ni gatsu |
| mars | 三月 | san gatsu |
| avril | 四月 | shi gatsu |
| mai | 五月 | go gatsu |
| juin | 六月 | roku gatsu |
| juillet | 七月 | shichi gatsu |
| août | 八月 | hachi gatsu |
| septembre | 九月 | ku gatsu |
| octobre | 十月 | jū gatsu |
| novembre | 十一月 | jū ichi gatsu |
| décembre | 十二月 | jū ni gatsu |

## Les saisons

| | | |
|---|---|---|
| printemps | 春 | haru |
| été | 夏 | natsu |
| automne | 秋 | aki |
| hiver | 冬 | fuyu |

# C'est l'heure

何時ですか? [nanji desuka] Quelle heure est-il ?

0時です
[reiji desu]
il est minuit

2時です
[niji desu]
il est deux heures

4時15分前です
[yoji jūgofun mae desu]
il est quatre heures moins le quart

5時です
[goji desu]
il est cinq heures

7時5分です
[shichiji gofun desu]
il est sept heures cinq

8時10分です
[hachiji juppun desu]
il est huit heures dix

9時15分です
[kuji jūgofun desu]
il est neuf heures et quart

正午です
[shōgo desu]
il est midi

12時半です
[jūniji han desu]
il est midi et demi

17時21分です
[jūshichiji nijū ippun desu]
il est dix-sept heures vingt et une

# Lexique français - japonais

## A

**à bientôt** 近いうちに会いましょう! [chikai uchi ni aimashō]
**accueil** フロント [furonto] → 15
**acheter** 買う [kau] → 13
**acide** 酸っぱい [suppai] → 18
**acteur(trice)** 俳優, 女優 [haiyū, joyū] → 2
**adresse** 住所 [jūsho] → 1
**adversaire** 競争者 [kyōsōsha] → 7
**aéroport** 空港 [kūkō] → 12, 15
**âge** 年齢 [nenrei] → 1
**agence de voyages** 旅行代理店 [ryokō dairiten] → 13
**agent(e) (de police)** 警察官 [keisatsukan] → 2
**agneau** 子羊 [kohitsuji] → 10
**aigre** 酸っぱい [suppai] → 18
**ail** にんにく [nin niku] → 18
**alcool** 酒 [sake] → 18
**aller** 行く [iku]
• aller bien (aspect) 似合う [niau]
• aller parfaitement (taille) ぴったり合う [pittari au]
• aller à l'école 学校に行く [gakkō ni iku]
• aller au travail 通勤する [tsūkin suru] → 11, 14
**âne** ロバ [roba] → 10
**anguille** 鰻 [unagi] → 18
**appartement** ❶ アパート [apāto] ❷ (de standing) マンション [manshon] → 4
**appeler** (au téléphone) 電話する [denwa suru] → 6
**après-midi** 午後 [gogo] → 20
**arc-en-ciel** 虹 [niji] → 8
**argent** (métal) 銀 [gin] → 14
**arobase** (@) アットマーク [atto māku] → 5
**arrêt de bus** バス停 [basutei] → 12
**ascenseur** エレベーター [erebētā] → 4
**assiette** 皿 [sara] → 4
**auberge** ❶ (de jeunesse) ユースホステル [yūsu hosuteru] ❷ (traditionnelle) 旅館 [ryokan] → 15
**aubergine** ナス [nasu] → 18
**aujourd'hui** 今日 [kyō] → 20
**au revoir** さようなら [sayōnara]
**autoroute** 高速道路 [kōsoku dōro] → 12
**avion** 飛行機 [hikōki] → 15

## B

**bague** 指輪 [yubiwa] → 14
**baguettes** 箸 [hashi] → 4
**baignoire** 風呂 [furo] → 4
**balle** ボール [bōru] → 7
**ballon** ボール [bōru] → 7
**bambou** 竹 [take] → 9
**banque** 銀行 [ginkō] → 12
**baseball** 野球 [yakyū] → 7
**baskets** スニカー [sunikā] → 14
**bateau** 船 [fune] → 15
**bâtiment** 建物 [tatemono] → 12
**beau, belle** 美しい [utsukushī] → 1
**beurre** バター [batā] → 18
**bibliothèque** 本箱 [honbako] → 4
**bière** ビール [bīru] → 18
**blanc** 白い [shiroi] → 14
**bleu** 青い [aoi] → 14
**blond** 金髪 [kinpatsu] → 1
**bœuf** 牛肉 [gyū niku] → 18
**boire** 飲む [nomu] → 18

**boîte aux lettres** ポスト [posuto] → 12
**bol** 椀 [wan] → 4
**bonjour** ❶ こんにちは [konnichiwa] ❷ (le matin) お早うございます [ohayō gozaimasu]
**bon marché** 安い [yasui] → 13
**bonne nuit** おやすみなさい [oyasuminasai]
**bonnet de bain** 水泳帽 [suieibō] → 7
**bonsoir** こんばんは [konbanwa]
**bottes** ブーツ [būtsu] → 14
**boucherie** 肉屋 [nikuya] → 13
**boucles d'oreilles** イヤリング [iyaringu] → 14
**boulangerie** パン屋さん [pan yasan] → 13
**boutique** 店 [mise] → 13
**bouton** ボタン [botan] → 14
**bracelet** ブレスレット [buresuretto] → 14
**branche** 枝 [eda] → 9
**bras** 腕 [ude] → 16
**bronzé(e)** 日焼けした [hiyaketa] → 1
**brosse à dents** 歯ブラシ [haburashi] → 4
**brouillard** 霧 [kiri] → 8
**brun** (cheveux) 茶色い [chairo] → 1
**bureau** 机 [tsukue] → 4
**bus** バス [basu] → 15

# C

**cabine d'essayage** 試着室 [shichaku shitsu] → 13
**caisse** レジ [reji] → 13
**campagne** 田舎 [inaka] → 9
**canapé** ソファー [sofā] → 4
**canard** あひる [ahiru] → 10
**carotte** にんじん [ninjin] → 18
**carpe** 鯉 [koi] → 10
**carrefour** 交差点 [kōsaten] → 12
**carte** ❶ (de crédit) クレジットカード [kurejitto kādo] ❷ (d'embarquement) 搭乗券 [tōjōken] ❸ (postale) 葉書 [hagaki] → 13, 15
**casserole** 鍋 [nabe] → 4
**ceinture de sécurité** シートベルト [shīto beruto] → 15
**célibataire** 独身 [dokushin] → 1
**centre** ❶ (commercial) ショッピングセンター [shoppingu sentā] ❷ (sportif) スポーツセンター [supōtsu sentā] → 7, 13
**cerisier** 桜 [sakura] → 9
**chaise** 椅子 [isu] → 4
**chambre** ❶ (de style japonais) 和室 [washitsu] ❷ (de style occidental) 洋室 [yōshitsu] ❸ (double) ダブルルーム [daburu rūmu] ❹ (simple) シングルルーム [shinguru rūmu] → 15
**champ** 畑 [hatake] → 9
**champignon** きのこ [kinoko] → 18
**chanter** (une chanson) (歌を)歌う [uta o utau] → 7
**chargeur** 携帯電話充電器 [keitai jūdenki] → 6
**chat** 猫 [neko] → 10
**chaud** 暑い [atsui] → 8
**chauffeur de taxi** タクシーの運転手 [takushī no untenshu] → 2
**chaussettes** 靴下 [kutsushita] → 14
**chaussons** スリッパ [surippa] → 14
**chaussures** 靴 [kutsu] → 14
**chaussures de sport** スニカー [sunikā] → 14
**cher(ère)** 高い [takai] → 13
**cheveux** 髪の毛 [kami no ke] → 16
**chèvre** 山羊 [yagi] → 10
**chien** 犬 [inu] → 10
**chips** ポテトチップス [poteto chippusu] → 18

**chômage**
• être au chômage 失業している [shitsugyō shite iru] → 2
**chou** キャベツ [kyabetsu] → 18
**chou chinois** 白菜 [hakusai] → 18
**cinéma** 映画 [eiga] → 7
**clé** 鍵 [kagi] → 4, 15
**clé USB** USBメモリ [yūesubī memori] → 5
**client(e)** 客 [kyaku] → 13
**climatisation** エアコン [eakon] → 15
**Coca**® コーラ [kōra] → 18
**collègue** 同僚 [dōryō] → 2
**collier** ネックレス [nekkuresu] → 14
**colombe** はと [hato] → 10
**commissariat** 交番 [kōban] → 12
**concombre** キュウリ [kyūri] → 18
**confiture** ジャム [jamu] → 18
**coq** 雄鶏 [ondori] → 10
**corbeau** カラス [karasu] → 10
**coton** 綿 [men] → 14
**coucher** (aller se) 寝る [neru] → 11
**Coupe du monde** ワールドカップ [wārudo kappu] → 7
**courgette** ズッキーニ [zukkīni] → 18
**courir** 走る [hashiru] → 7
**course** 競争 [kyōsō] → 7
**court** 短い [mijikai] → 1
**court de tennis** テニスコート [tenisu kōto] → 7
**coussin** 座布団 [zabuton] → 4
**couteau** ナイフ [naifu] → 4
**crevette** エビ [ebi] → 18
**croquettes** (de pommes de terre) コロッケ [korokke] → 18
**cuillère** スプーン [supūn] → 4
**cuir** 革 [kawa] → 14
**cuisiner** 料理をする [ryōri o suru] → 7
**cyclisme** サイクリング [saikuringu] → 7
**cyprès japonais** 桧 [hinoki] → 9

## D

**danse** ダンス [dansu] → 7
**degré** 度 [do] → 8
**déjeuner** ❶ (repas) 昼食 [chūshoku] ❷ (verbe) 昼食を取る [chūshoku o toru] → 11, 18
**demain** 明日 [ashita] → 20
**dent** 歯 [ha] → 16
**dentifrice** 歯磨き粉 [hamigakiko] → 4
**dentiste** 歯医者 [ha isha] → 2
**de rien** どういたしまして [dō itashimashite]
**désolé** ごめんなさい [gomennasai]
**diarrhée** 下痢 [geri] → 17
**dinde** 七面鳥 [shichimenchō] → 10
**dîner** ❶ (repas) 夕食 [yūshoku] ❷ (verbe) 夕食を取る [yūshoku o toru] → 11, 18
**disque dur** ハードディスクドライブ [hādo disuku doraibu] → 5
**divorcé(e)** 離婚した [rikon shita] → 1
**dos** 背中 [senaka] → 16
**douche** シャワー [shawā] → 4
**doux** 暖かい [atatakai] → 8

## E

**eau** お水 [omizu] → 18
**école** 学校 [gakkō] → 3
**écureuil** リス [risu] → 10
**élève** 生徒 [seito] → 3
**e-mail** メール [mēru] → 1
**emploi** ❶ (à mi-temps) パートタイム [pāto taimu] ❷ (à plein temps) 常勤 [jōkin] → 2
**employeur** 雇用者 [koyōsha] → 2
**enfant** 子供 [kodomo] → 1

enlever 脱ぐ [nugu] → 14
enseignant(e) 先生 [sensei] → 2
ensoleillé(e) 晴れ [hare] → 8
entreprise 会社 [kaisha] → 2
envoyer ❶ (un e-mail) メールを送る [mēru o okuru] ❷ (un texto) 携帯メールを送る [keitai mēru o okuru] → 5, 6
épicé 辛い [karai] → 18
épinards ほうれん草 [hōrensō] → 18
équipe チーム [chīmu] → 7
équitation 乗馬 [jōba] → 7
érable もみじ [momiji] → 9
escaliers 階段 [kaidan] → 4
espèces 現金 [genkin] → 13
essayer ❶ 試着する [shichaku suru] ❷ (chaussures) 履いてみる [haite miru] → 14
étudiant 学生 [gakusei] → 3
étudier 勉強する [benkyō suru] → 3
évier 流し [nagashi] → 4
excusez-moi すみません [sumimasen]

# F

femme 女性 [josei]
• femme d'affaires ビジネスウーマン [bijinesu ūman] → 1, 2
fenêtre 窓 [mado] → 4
fermé (magasin) 閉店 [heiten] → 13
fermeture Éclair® チャック [chakku] → 14
feu 信号 [shingō] → 12
feuille 葉 [ha] → 9
fièvre 熱 [netsu] → 17
filet テニスノネット [tenisu no netto] → 7
fille ❶ (enfant de) 娘 [musume] ❷ (femme) 女の子 [onna no ko] → 1
fils 息子 [musuko] → 1
fleuve 川 [kawa] → 9
flipper japonais パチンコ [pachinko] → 7
football サッカー [sakkā] → 7
football américain アメリカンフットボール [amerikan futtobōru] → 7
forêt 森 [mori] → 9
fort (épicé) 辛い [karai] → 18
four オーブン [ōbun] → 4
fourchette フォーク [fōku] → 4
frère ❶ (aîné) 兄 [ani] ❷ (cadet) 弟 [otōto] → 1
frites フライドポテト [furaido poteto] → 18
froid 寒い [samui] → 8
futon 布団 [futon] → 4

# G

gagner 勝つ [katsu] → 7
garçon 男の子 [otoko no ko] → 1
gare 駅 [eki] → 12
gelée 霜 [shimo] → 8
gingko イチョウ [ichō] → 9
golf ゴルフ [gorufu] → 7
gorge のど [nodo] → 16
grand ❶ (taille L) エルサイズ [eru saizu] ❷ (taille d'une personne) 背が高いです [se ga takai desu] → 1, 14
grand magasin デパート [depāto] → 13
gratuit(e) 無料(の) [muryō (no)] → 13
gris 灰色の [hai iro no] → 14
gros, grosse 太った [futotta] → 1
grue 鶴 [tsuru] → 10

# H

haltères ダンベル [danberu] → 7

**hamster** ハムスター [hamusutā] → 10

**haricot** ❶ (de soja) 大豆 [daizu]
❷ (verts) サヤインゲン [saya ingen] → 18

**herbe** 草 [kusa] → 9

**hêtre** ブナの木 [buna no ki] → 9

**hier** 昨日 [kinō] → 20

**homme** 男性 [dansei]
• homme d'affaires ビジネスマン [bijinesu man] → 1, 2

**hôpital** 病院 [byōin] → 12

**hôtel** ホテル [hoteru] → 15

**hôtel de ville** 市役所 [shiyakusho] → 12

## I

**île** 島 [shima] → 9

**imprimer** 印刷する [insatsu suru] → 5

## J

**jambe** 脚 [ashi] → 16

**jardin** 庭 [niwa] → 4

**jaune** 黄色の [ki iro no] → 14

**jeune** 若い [wakai] → 1

**jeux électroniques** ビデオゲーム [bideo gēmu] → 7

**Jeux Olympiques** 国際オリンピック大会 [kokusai orinpikku taikai] → 7

**jus de pomme** リンゴジュース [ringo jūsu] → 18

## L

**lac** 池 [ike] → 9

**laid(e)** みにくい [minikui] → 1

**laine** ウール [ūru] → 14

**lait** ミルク [miruku] → 18

**lapin** ウサギ [usagi] → 10

**lavabo** 洗面台 [senmenjo] → 4

**lave-linge** 洗濯機 [sentakuki] → 4

**librairie** 本屋 [hon ya] → 13

**limonade japonaise** ラムネ [ramune] → 18

**lin** リンネル [rin neru] → 14

**liquide** 現金 [genkin] → 13

**lire** 読む [yomu] → 7

**lit** ベッド [beddo] → 4

**long** 長い [nagai] → 1

**louer** 借りる [kariru] → 4, 15

**loup** 狼 [ōkami] → 10

**lucane** カブトムシ [kabutomushi] → 10

**luciole** 蛍 [hotaru] → 10

**lycée** 高校 [kōkō] → 3

## M

**macaque japonais** ニホンザル [nihon zaru] → 10

**magasin** 店 [mise] → 13

**main** 手 [te] → 16

**maison** 家 [uchi] → 4

**manche** 袖 [sode] → 14

**manger** 食べる [taberu] → 18

**marchand de primeurs** 八百屋 [yaoya] → 13

**marche à pied** ハイキング [haikingu] → 7

**marié(e)** 既婚の [kikon no] → 1

**marron** 茶色の [cha iro no] → 1, 14

**match** 試合 [shiai] → 7

**matin** 朝 [asa] → 20

**médecin** 医者 [isha] → 2

**médicament** 薬 [kusuri] → 17

**mer** 海 [umi] → 9

**merci** ありがとう [arigatō]

**mère** 母 [haha] → 1

**métro** 地下鉄 [chikatetsu] → 12

**mettre** (vêtements) 着る [kiru] → 14

**mince** 細い [hosoi] → 1

miroir 鏡 [kagami] → 4
moineau すずめ [suzume] → 10
monnaie おつり [otsuri] → 13
montagne 山 [yama] → 9
montre 腕時計 [udedokei] → 14
musée 美術館 [bijutsukan] → 12
musique 音楽 [ongaku] → 7

# N

nager 泳ぐ [oyogu] → 7
natation 水泳 [suiei] → 7
neige 雪 [yuki] → 8
neiger 雪が降る [yuki ga furu] → 8
nez 鼻 [hana] → 16
noir 黒い [kuroi] → 1, 14
nom de famille 姓 [sei] → 1
nuage 雲 [kumo] → 8
numéro de téléphone 電話番号 [denwa bangō] → 1
Nylon® ナイロン [nairon] → 14

# O

œil 目 [me] → 16
œuf 卵 [tamago] → 18
office du tourisme 観光局 [kankōkyoku] → 12
oie ガチョウ [gachō] → 10
oignon 玉ねぎ [tamanegi] → 18
or 金 [kin] → 14
orage 雷雨 [raiu] → 8
orange オレンジ色の [orenji iro no] → 14
orchidée 欄の花 [ran no hana] → 9
ordinateur ❶ パソコン [pasokon] ❷ (portable) ノートパソコン [nōto pasokon] → 5
oreille 耳 [mimi] → 16
oreiller 枕 [makura] → 4
où? どこ? [doko]
ouvert (magasin) 営業中 [eigyō chū] → 13

# P

pain パン [pan] → 18
pâle 青白い [aojiroi] → 1
papeterie 文房具や [bunbōguya] → 13
paquet-cadeau • faire un paquet-cadeau 包装する [hōsō suru] → 13
parc 公園 [kōen] → 12
passage pour piétons 横断歩道 [ōdan hodō] → 12
passeport パスポート [pasupōto] → 15
patate douce サツマイモ [satsuma imo] → 18
patin à glace • faire du patin à glace アイススケートをする [aisu sukēto suru] → 7
patinoire アイススケート場 [aisu sukēto jō] → 7
pause café • faire une pause café コーヒーブレイクをする [kōhī bureiku o suru] → 11
payer 支払う [shiharau] → 13
pays 国 [kuni] → 15
peindre 絵を描く [e o kaku] → 7
peinture 絵画 [kaiga] → 7
perdre 負ける [makeru] → 7
père 父 [chichi] → 1
petit(e) ❶ (taille S) エスサイズ [esu saizu] ❷ (taille d'une personne) 背が低いです [se ga hikui desu] → 1, 14
petit déjeuner 朝食 [chōshoku] → 18
pharmacie 薬局 [yakkyoku] → 13
photographie 写真 [shashin] → 7
pièce 部屋 [heya] → 4
pied 足 [ashi] → 16
pigeon はと [hato] → 10
pin 松 [matsu] → 9
ping-pong 卓球 [takkyū] → 7

**piscine** プール [pūru] → 7

**piste cyclable** 自転車専用道 [jitensha senyō dō] → 12

**plastique** プラスチック [purasuchikku] → 14

**plongée** ダイビング [daibingu] → 7

**pluie** 雨 [ame] → 8

**poche** ポケット [poketto] → 14

**poêle** フライパン [furai pan] → 4

**poireau** 長ネギ [naga negi] → 18

**poissonnerie** 魚屋 [sakanaya] → 13

**poivre** 胡椒 [koshō] → 18

**pomme de terre** じゃがいも [jagaimo] → 18

**pont** 橋 [hashi] → 12

**porc** 豚肉 [buta niku] → 18

**portable** (téléphone) 携帯電話 [keitai denwa] → 6

**porte** ドア [doa] → 4

**poste** ❶ (bureau de) 郵便局 [yūbinkyoku] ❷ (de police) 交番 [kōban] → 12

**poulet** 鶏肉 [tori niku] → 18

**poulpe** たこ [tako] → 18

**pourpre** 紫の [murasaki no] → 14

**prénom** 名 [na] → 1

**prévisions météo** 天気予報 [tenki yohō] → 8

**prix** 値段 [nedan] → 13

**professeur** 先生 [sensei] → 3

**pyjama** パジャマ [pajama] → 14

# Q

**quand ?** いつ? [itsu]

**queue** • faire la queue 列に並ぶ [retsu ni narabu] → 13

**qui ?** 誰? [dare]

# R

**radis chinois** 大根 [daikon] → 18

**raifort vert** わさび [wasabi] → 18

**randonnée** ハイキング [haikingu] → 7

**réfrigérateur** 冷蔵庫 [reizōko] → 4

**repas** ご飯 [gohan] → 18

**répondeur** 留守番電話 [rusubandenwa] → 6

**réserver** 予約する [yoyaku suru] → 15

**retirer** (de l'argent) 金を引き出す [kane o hikidasu] → 13

**réunion** 会議 [kaigi] → 2

**rez-de-chaussée** 一階 [ikkai] → 4

**rivière** 川 [kawa] → 9

**riz** ❶ (cuit) ご飯 [gohan] ❷ (non cuit) 米 [kome] → 18

**roller** • faire du roller ローラーブレードする [rōrā burēdo suru] → 7

**rose** ❶ (fleur) バラの花 [bara no hana] ❷ (couleur) ピンクの [pinku no] → 9, 14

**rossignol** ほととぎす [hototogisu] → 10

**rouge** 赤い [akai] → 14

**rugby** ラグビー [ragubī] → 7

# S

**saison des pluies** 梅雨 [tsuyu] → 8

**saké** 酒 [sake] → 18

**salaire** 給料 [kyūryō] → 2

**salé** 塩辛い [shio karai] → 18

**salle de bains** 風呂場 [furoba] → 15

**s'amuser** 遊ぶ [asobu] → 7

**sandales** サンダル [sandaru] → 14

**sauce de soja** しょう油 [shōyu] → 18

**saule** 柳 [yanagi] → 9

**saumon** 鮭 [sake] → 18

**savon** 石鹸 [sekken] → 4

se brosser (les dents) 歯を磨く [ha o migaku] → 11
sèche-cheveux ヘアドラヤー [hea dorayā] → 4
se connecter (à Internet) インターネットに接続する [intānetto ni setsuzoku suru] → 5
secrétaire 秘書 [hisho] → 2
seiche イカ [ika] → 18
sel 塩 [shio] → 18
se laver 体を洗う [karada o arau] → 11
se lever 起きる [okiru] → 11
semaine 週間 [shūkan] → 20
se maquiller 化粧する [keshō suru] → 11
se peigner 髪をとかす [kami o tokasu] → 11
se préparer 準備をする [junbi o suru] → 11
se raser 剃る [soru] → 11
serviette ❶ (de toilette) タオル [taoru] ❷ (de table) ナプキン [napukin] → 4
sexe 性 [sei] → 1
s'habiller 着る [kiru] → 11, 14
shampooing シャンプー [shanpū] → 4
shopping • faire du shopping ショッピングする [shoppingu suru] → 13
siège ❶ (côté couloir) 通路側の席 [tsūro gawa no seki] ❷ (côté hublot) 窓側の席 [mado gawa no seki] → 15
sieste • faire la sieste 昼寝をする [hirune o suru] → 11
s'il te plaît, s'il vous plaît ❶ (en offrant) どうぞ [dōzo] ❷ (en faisant une demande) ください [kudasai]
site Web ウェブサイト [webu saito] → 5
société 会社 [kaisha] → 2
sœur ❶ (aînée) 姉 [ane] ❷ (cadette) 妹 [imōto] → 1
soie 絹 [kinu] → 14
soir 夜 [yoru] → 20
soldes バーゲン [bāgen] → 13
soleil 太陽 [taiyō] → 8
sommeil • avoir sommeil 眠い [nemui] → 11
spécialités 名物 [meibutsu] → 15
stade スタジアム [sutajiamu] → 7
station de métro 地下鉄の駅 [chikatetsu no eki] → 12
sucre 砂糖 [satō] → 18
sucré 甘い [amai] → 18
supérette コンビニ [konbini] → 13
supermarché スーパー(マーケット) [sūpā(māketto)] → 13

## T

table テーブル [tēburu] → 4
tablette タブレット [taburetto] → 5
tard 遅い [osoi] → 20
taro サトイモ [sato imo] → 18
taxi タクシー [takushī] → 15
téléphone portable (avec carte prépayée) プリペイド式携帯電話 [pure peido shiki keitaidenwa] → 6
temple (bouddhiste) 寺 [tera] → 12
temps 天気 [tenki] → 8
tennis テニス [tenisu] → 7
tennis de table 卓球 [takkyū] → 7
tête 頭 [atama] → 16
thé ❶ (noir) 紅茶 [kōcha] ❷ (vert) お茶 [ocha] → 18
thon マグロ [maguro] → 18
ticket de caisse レシート [reshīto] → 13
timbre 切手 [kitte] → 15
tomate トマト [tomato] → 18
torchon 布巾 [fukin] → 4

tôt 早い [hayai] → 20
tourterelle はと [hato] → 10
toux 咳 [seki] → 17
train 電車 [densha] → 15
travailler 働く [hataraku] → 2
tronc 幹 [kan] → 9
trottoir 歩道 [hodō] → 12
typhon 台風 [taifū] → 8

## U

université 大学 [daigaku] → 3

## V

vélo 自転車 [jitensha] → 7, 15
vendeur(euse) 店員 [ten in] → 13
vendre 売る [uru] → 13
vent 風 [kaze] → 8
verre コップ [koppu] → 4
vert 緑の [midori no] → 1, 14
vieux, vieille 年を取った [toshi o totta] → 1
ville 町 [machi] → 12
vin ワイン [wain] → 18
violet 紫の [murasaki no] → 14
visa ビザ [biza] → 15
voyage organisé ツアー [tsuā] → 15
voyager 旅行する [ryokō suru] → 15

## W

W.-C. トイレ [toire] → 4
Wi-Fi ワイファイ [wai fai] → 5

Crédits photographiques

**© Fotolia.com :** アツシ - 天璋院有 – 117160 – Aaron Amat – Albachiaraa – Alekss – Alexey Klementiev – Alisa Tsoy – Anatolii – Andre – Andrey Zyk – Andrzej Tokarski – Anna Chelnokova – Anna Khomulo – Anna Kucherova – Aptyp_koK – Ariwasabi – BartekMagierowski – Beata Wojciechowska – Beboy – Brad Pict – Brian Jackson – ChantalS – Christian Jung – Comugnero Silvana – Constantinos – Cornerman – DAN – Delphimages – Denis Pepin – Dmitry – Duncan Noakes – E.O. – Edyta Pawlowska – Elena Schweitzer – Elenathewise – Elnur – Elwynn – Emir Simsek – Eric Isselée – Eva Schmidt – Feng Yu – Fotana – Fotios Karakasis – Geo Martinez – GoodMood Photo – Gordana Sermek – Grafvision – GraphicHead – Graça Victoria – Harris Shiffman – Harusame – Henrik Larsson – Igor Kovalchuk – Ilyes Laszlo – Inna Yakusheva – Ionescu Bogdan – Iosif Szasz-Fabian – Ivonne Wierink – JJAVA – Jaroslavs Filsh – Jovan Nikolic – Julia Filipenko – Juri Samsonov – Kadmy – Kagenmi – Kayros Studio – Kmaeda – KonstantinPetkov – Lasse Kristensen – Lev – Liliia Rudchenko – Ljupco Smokovski – Lucky Dragon USA – Malena und Philipp K – Marek Kosmal – Marina Gorskaya – Matador – Mehmet Dilsiz – Misha – Mist – NJ – Nikola Spasenoski – Nikolai Tsvetkov – Norbert Martin – Olga Lyubkin – Olga Sapegina – Pakhnyushchyy – Patrice BOUCHER – Paul Moore – Pavel Timofeev – Paylessimages – Perytskyy – Photodo51 – Pixel & Création – Pixlmaker – Pona – Popova Olga – Rafa Irusta – Ruslan Kudrin – Sandra van der Steen – Scanrail – Sergii Figurnyi – Sergiy Serdyuk – Shchipkova Elena – Simon Coste – Slobodan Djajic – South12th – Springfield Gallery – StarJumper – Success – Sébastien MIN – Tadija Savic – Timonova Ekaterina – Tinka – Tom Wang – Tommy Schultz – Tomo Jesenicnik – Tsuboya – Unclesam – Unclesam – Vidady – Vinicius Tupinamba – Xuejun li – Yasonya – Yong Hian Lim – Yuri Arcurs – andreapetrlik – arsdigital – artjazz – auris – badahos – blanche – bukitdamansara – cosma – cristi180884 – dutourdumonde – ettocecco – felinda – fkprojects – fongfong – genialbaron – glu – grthirteen – gunnar3000 – holiday5554 – i9370 – ivan kmit – japolia – jean song – juliajewel – kameel – kapp – karam miri – kenjito – kontur-vid – kosanperm – ktsdesign – lamax – lily – llandrea – loflo – lvcandy – margo555 – margouillat photo – marksomogyi32 – martine wagner – matin – matka_Wariatka – naka – nastazia – nito – norinori303 – noritaka – nuttakit – objectsforall – okakitetsu2010 – paylessimages – percent – photlook – pressmaster – qingwa – rawlik – robootb – sarajyu – shadowvincent – .shock – signature photos – studiophotopro – taka – thongsee – tsach – uckyo – uwimages – varts – victor zastol'skiy – vikiri – volff – white_bcgrd – whitelook – yukipon00 – zakaz – zirconicusso

Gardes : © Fotolia/Beboy

Achevé d'imprimer chez L.E.G.O. - Vicenza (Italie)
Dépôt légal : Février 2012 - 308525 / 02
11023680 - Mars 2013